LE CORPS

Conception :
Christophe Hublet

Texte :
Émilie Beaumont

Images :
Catherine Ferrier

ÉDITIONS
FLEURUS

ÉDITIONS FLEURUS, 15-27 RUE MOUSSORGSKI 75018 PARIS

Anatomie

Squelett

- ⬜ **la tête**
- 🟦 **le bras**
- 🟦 **le tronc**
- **la jambe**

le cou

l'épaule

la poitrine

le coude

l'avant-bras

le poignet

la main

la cuisse

le genou

la cheville

le pied

Le crâne protège
le cerveau.

Les côtes protègent
le cœur et
les poumons.

La colonne vertébrale
est composée de
plusieurs vertèbres.

Les os du bassin
soutiennent
l'abdomen.

L'os le plus long est
l'os de la cuisse,
appelé le fémur.

Le squelette est l'ensemble
des os qui soutiennent
le corps. Sans lui, on ne
tiendrait pas debout,
on ressemblerait à
une grosse crêpe.

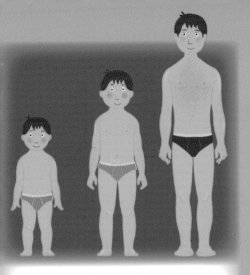

Les os grandissent, jusqu'à l'âge adulte, plus ou moins selon les personnes, car tout le monde n'a pas la même taille.

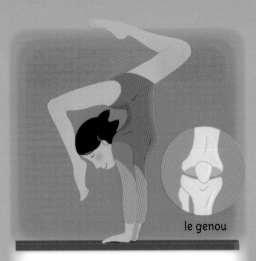

le genou

C'est grâce aux articulations, qui relient les os entre eux, que l'on peut bouger et faire des mouvements, même très compliqués parfois.

Il y a des mouvements que l'on ne peut pas faire avec son corps : par exemple tourner la tête et le buste complètement à l'envers.

Quand on se casse un os, on a une fracture. On doit porter un plâtre pendant plusieurs semaines pour que l'os se répare.

Les muscles

Les muscles, qui sont attachés aux os, permettent de courir, de sauter, de plier les jambes, de sourire, de faire un clin d'œil... en un mot, de bouger.

Pour courir ou sauter, les muscles des bras, du dos, du cou, des jambes et des pieds sont en activité : un vrai travail d'équipe !

Cet enfant est representé sans sa peau pour montrer ses muscles.

Le cœur est un muscle. Il agit comme une pompe pour faire circuler le sang dans tout le corps.

Si on fait un clin d'œil, c'est un muscle qui travaille.

Pour plier le bras, le biceps, qui est un muscle, se gonfle et tire l'os de l'avant-bras.

Il arrive que l'on ressente une forte douleur, crampe ou courbature : on a trop tiré sur les muscles.

Certaines maladies atteignent les muscles : ceux-ci ne peuvent plus fonctionner. On est alors paralysé. On se déplace en fauteuil roulant.

Pour avoir des muscles plus puissants, certains sportifs les font travailler souvent et très longtemps. Ils portent des poids très lourds.

La peau

La peau est l'enveloppe protectrice qui recouvre tout le corps. Selon les endroits du corps, la peau est plus ou moins épaisse : elle est par exemple plus fine sur le dessus de la main que sur le dessous.

Tout le monde n'a pas la même couleur de peau : certains ont la peau blanche, d'autres noire ou marron, chez d'autres elle est plus jaune.

En été, si on ne se protège pas, on attrape un coup de soleil. C'est dangereux.

Au soleil, on bronze. Parfois, des taches de rousseur apparaissent.

La peau du ventre de maman s'étire à mesure que bébé grossit. Elle retrouve son aspect initial après la naissance. En vieillissant, la peau se ride.

Quand il fait chaud ou lorsqu'on s'agite beaucoup, on transpire. La sueur s'écoule par de petits trous, les pores, situés sur tout le corps.

Des poils recouvrent tout le corps, sauf les lèvres, le dessous des mains et des pieds. On en a plus quand on est grand et les hommes en ont plus que les femmes.

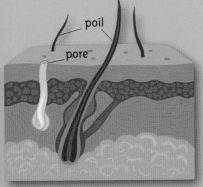

poil

pore

Coupe de la peau

Lorsqu'il fait froid, ou bien lorsqu'on a peur, les poils se dressent sur la peau et on tremble. C'est ce qu'on appelle avoir la chair de poule.

Le cœur et le sang

Le cœur est un organe très important, pas plus gros que le poing fermé. Il bat tout le temps, même la nuit. S'il s'arrête de battre, on meurt. Son travail consiste à faire circuler le sang dans tout le corps à travers de fins tuyaux appelés veines et artères.

Le sang part du cœur dans des vaisseaux appelés artères et reviennent par d'autres vaisseaux appelés veines.

Lorsqu'on fait un effort important, qu'on court, par exemple, le cœur bat plus vite : il cogne dans la poitrine. On le sent et on respire de plus en plus vite.

La circulation sanguine

Parfois, pour savoir pourquoi on est malade, on analyse le sang. On en prend en piquant une aiguille dans la veine du bras.

Dans le sang, des millions de petits soldats, les globules blancs, combattent les méchants microbes qui pourraient provoquer des maladies.

On n'a pas tous le même sang. Il existe quatre groupes : A, B, AB, et O. Pour sauver un malade, on peut donner son sang à condition qu'il puisse être mélangé au sien.

Si on a une plaie, il faut bien la nettoyer avec un produit désinfectant. Le sang sèche, puis une croûte se forme et la plaie cicatrise.

Le cerveau

Le cerveau nous permet de parler, de penser,
d'inventer, de nous souvenir, de bouger...
Il ressemble à une grosse éponge. Il est tout mou,
mais bien protégé par le crâne.

Si on pose le doigt sur un
objet piquant, le cerveau
"ordonne" au doigt de
se retirer. Cela se passe
très vite, on ne s'en rend
même pas compte :
c'est un réflexe.

Les nerfs sont des sortes de fils
qui relient le cerveau à toutes
les parties du corps.

C'est le cerveau qui décide
si on écrit avec la main droite
ou la main gauche.

Le cerveau permet de réfléchir, d'avoir des idées, d'inventer des histoires. C'est grâce à lui que l'on retient les leçons.

Grâce au cerveau, on peut garder en mémoire des gestes que l'on a appris tout petit, comme faire du vélo. On se souvient aussi d'événements passés.

Quand on reste assis sur ses jambes trop longtemps et que l'on change de position, on ressent des picotements : les nerfs se sont engourdis.

Les muscles ont besoin de se reposer, c'est pour cela qu'il faut dormir. Le cerveau, lui, continue de travailler : on fait des rêves ou des cauchemars.

Respirer

Toutes les parties de notre corps,
pour bien fonctionner, ont besoin de
l'oxygène contenu dans l'air que nous
respirons. Nos poumons recueillent
l'air et transmettent l'oxygène au sang,
qui le conduit à tous les organes.

L'air entre par le nez ou la
bouche, puis pénètre dans
nos poumons (1 et 2).

La respiration s'effectue en deux temps.
(A) On remplit les poumons d'air riche
en oxygène. La poitrine se gonfle.
(B) Puis, on rejette de l'air en soufflant.

Si on avale trop vite, on peut avoir le hoquet. Il stoppe plus vite si on boit en se bouchant le nez ou si on nous fait peur.

L'air dont nous n'avons pas besoin est rejeté par le nez ou la bouche. Quand il fait froid, il sort et forme un petit nuage : c'est la buée.

Un tout-petit peut s'étouffer en avalant des cacahuètes si elles bouchent le tuyau qui amène l'air aux poumons.

Il ne faut pas respirer sous l'eau, sinon elle entre dans les poumons. C'est très dangereux, on risque de se noyer. Si on veut s'amuser sous l'eau, on peut respirer grâce à un tuba.

Digérer

La nourriture que l'on avale commence un long voyage dans la bouche puis traverse le système digestif avant d'être absorbée par le sang, qui la transmettra, transformée, à tous les organes : c'est ce long trajet qu'on appelle la digestion.

1 Dans la bouche, la nourriture est ramollie à l'aide de la salive et broyée par les dents.

2 La nourriture passe ensuite par un long tuyau pour aller dans l'estomac, où elle est réduite en bouillie.

3 Elle poursuit sa route dans les intestins, où une partie des aliments est absorbée par le sang pour nourrir tous les organes.

4 Le voyage de la nourriture se termine dans les toilettes. Le corps absorbe tous les éléments dont il a besoin et rejette les déchets sous forme de pipi et caca.

Pour bien digérer, il faut prendre le temps de manger, bien installé au calme. On ne mange pas entre les repas pour ne pas fatiguer l'estomac.

Lorsqu'on a trop mangé ou si on a attrapé un virus, il arrive que la digestion se fasse mal : on a mal au ventre, et parfois même on vomit.

Les dents

- Les **incisives** coupent.
- Les **canines** déchirent
- Les **prémolaires** et
- les **molaires** écrasent.

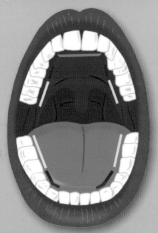

Il faut attendre que la digestion soit terminée avant d'aller se baigner, surtout si l'eau est froide.

Les cinq sens

Les yeux, le nez, la bouche, les oreilles et la peau sont des organes qui nous permettent de voir, de sentir, de goûter, d'entendre et de toucher. Grâce à eux, nous pouvons communiquer avec les autres et connaître le monde qui nous entoure.

La vue, l'ouïe, l'odorat, le goût et le toucher sont les cinq sens.

Les yeux
sont les organes
de la vue.

Le nez
est l'organe
de l'odorat.

La langue
est l'organe
du goût.

Les oreilles
sont les organes
de l'ouïe.

La peau
est l'organe
du toucher.

La vue

Les yeux nous permettent de voir.
Si on ne voit pas bien de loin ou de près, on porte des lunettes ou des lentilles. En vieillissant, on voit moins bien. Si on ne voit pas, on est aveugle.

L'ouïe

Les oreilles nous permettent d'entendre les bruits, des plus légers aux plus importants. Attention, les bruits trop forts peuvent abîmer l'oreille et on entend alors moins bien. Si on n'entend pas, on est sourd.

L'odorat

Le nez nous sert à sentir les odeurs agréables ou désagréables. Lorsqu'on est enrhumé, on a le nez bouché : on a alors du mal à repérer les odeurs.

Le goût

La langue nous permet de reconnaître ce qui est sucré, salé, acide comme le citron ou amer comme le café. Toutes les zones de la langue ne sont pas sensibles au goût. Au milieu de la langue, par exemple, on ne sent rien.

Le toucher

La peau des mains, des pieds et des lèvres est très sensible. La peau nous renseigne sur ce qui est chaud, froid, mouillé, sec, douloureux, sur ce qui pique…

Grandir

Dès la naissance,
le corps se transforme :
on grandit jusqu'à l'âge
de 18-20 ans. Ensuite,
le corps continue
d'évoluer.

Avant la naissance,
le bébé se développe dans
le ventre de sa maman,
bien au chaud.

Pendant les premières
années de sa vie, le bébé
grandit et grossit
rapidement.

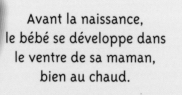
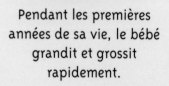

Bébé se tient d'abord assis tout seul, puis,
quelques mois plus tard, il se déplace à
quatre pattes et enfin il se redresse
et se lâche pour marcher.

Entre 10 et 16 ans, le corps se modifie :
le petit garçon ressemble de plus en
plus à un homme et la petite fille se
transforme en une jeune femme.

À l'âge adulte, le corps ne grandit
plus mais il se transforme petit
à petit, d'année en année.
On grossit plus ou moins.

Au fur et à mesure qu'il
grandit, l'enfant arrive
à contrôler ses gestes, à
manger seul, à s'habiller…

Puis, on vieillit de plus en plus. La peau se
couvre de rides et les cheveux blanchissent.
Les os sont plus fragiles et la vue baisse.